L'ALTRA GIUSTIZIA
ADR istituzionalizzati

A cura del Dr.
Sacco Fabio

Copyright *Lulu Editore 2013*

è vietata la riproduzione anche parziale, effettuata a qualsiasi titolo, e certo quella ad uso personale nel limite massimo del 15% della presente opera.

INDICE

Introduzione   PG 4

CAPITOLO I   PG 6
Alternative Dispute Resolution

CAPITOLO II   PG 10
Ombusdan in Europa

2.1 Cenni storici
2.2 Il Mediatore Europeo
2.3 Rete europea dei mediatori civici

CAPITOLO III   PG 23
Ombudsman in Italia

3.1 Difensore Civico
3.2 Giuri bancario
3.3 Ricerca di una difesa civica

Casi   PG 38

Conclusioni   PG 50

Bibliografia   PG 51

Sitografia   PG 52

INTRODUZIONE

Mediazione, Conciliazione e Arbitrato di certo rappresentano le forme più note, di risoluzione alternativa delle controversie, ma non sono le uniche.

Se per risoluzione alternativa delle controversie, si intende prevenire o concludere una lite senza ricorrere alla giustizia dei tribunali, allora è sicuro che la figura dell'Ombudsman, a noi meglio nota come Difensore Civico rientra pienamente in questa definizione.

Fin dalla sua nascita, che è avvenuta in Svezia nel 1809 durante il Governo Autocratico di Gustavo III, si evidenziano dati molto importanti, l'istituto infatti, tratta ben 8.000 cause solo nei suoi primi 100 anni.

Lo strumento si è dimostrato dunque all'altezza delle aspettative a tal punto da essere preso come modello per tutti gli altri paesi del nostro continente e non solo.

Oggi infatti, quasi tutti i paesi hanno istituito tale figura, e in ambito comunitario è sorta una vera è propria rete di collaborazione tra i vari Difensori Civici del continente.

L'Europa pienamente soddisfatta dell'istituto ha dato vita nel 7 febbraio del 1992, con la firma del Trattato di Maastricht alla figura del Mediatore Europeo o Difensore Civico Europeo, competente ad assistere i cittadini europei nelle questioni inerenti la cattiva amministrazione delle istituzioni comunitarie.

In Italia invece, anche se ad oggi non esiste un Difensore Civico Nazionale, come in altri paesi d'Europa, si può tuttavia contare su numerosi Difensori istituti a livello Regionale, Provinciale e in alcuni casi Comunale.

Il testo con l'obiettivo di fornire un quadro chiaro sulla storia e su limiti e poteri del Difensore, affronterà l'argomento iniziando ad analizzare l'istituto nel contesto Europeo per poi soffermarsi su quello nazionale.

CAPITOLO I

(Alternative Dispute Resolution)

Con l'acronimo inglese A.D.R.(Alternative Dispute Resolution) vengono indicati tutti quei metodi di risoluzione delle controversie alternativi alla giustizia della magistratura. Sono strumenti di origine remota, ma solo negli ultimi decenni sono oggetto di regolamentazione da parte dei vari legislatori nazionali, che hanno recepito gli enormi vantaggi che derivano dall'uso di tali soluzioni, sia per le parti in lite, in quanto vedono risolvere il proprio contenzioso in tempi brevi e con una notevole riduzione di costi, sia per lo stesso Stato, per la notevole riduzione del carico giudiziario.
Di fatto, negli ultimi decenni il ricorso agli ADR, soprattutto nell'ambito del contenzioso commerciale, ha vissuto un forte incremento, rispetto al ricorso alla giustizia ordinaria, per i motivi sopra esposti e per il fatto

che questi, garantiscono una maggiore riservatezza.

Tali strumenti possono essere raggruppati in due distinte categorie, quella degli ADR "Aggiudicativi" che di fatto agiscono ricalcando il metodo della giustizia ordinaria, qui si trova infatti un soggetto terzo e imparziale che fornisce alle parti una valutazione della situazione, vincolante o meno, è il caso dell'Arbitrato; Gli ADR "Non Aggiudicativi", quali la conciliazione e la mediazione, questi invece, a differenza dei primi seguono una procedura su base negoziale e il soggetto, terzo e imparziale guida il percorso e la comunicazione tra le parti con lo scopo di condurli a stipulare un accordo.

Tra i vari strumenti ADR, oggi i più affermati sono certamente:

L'ARBITRATO, disciplinato dagli articoli che vanno dal 806 al 840 cpc, è una procedura molto formale, che segue un rigido rito scelto inizialmente dalle parti insieme al/agli arbitro/i. Il rito è seguito da uno o più arbitri(la legge prevede che siano sempre in numero dispari) che assicurando di essere terzi e imparziali, agiscono come fossero dei giudici, decidendo una soluzione per il conflitto tra le parti dopo avere ascoltato le rispettive ragioni. La decisione che viene presa dall'arbitro ha effetti vincolanti per le parti e prende il nome di Lodo.

LA MEDIAZIONE, a differenza dell'arbitrato, è una procedura abbastanza informale, con cui le parti grazie all'aiuto di un soggetto terzo è imparziale tendono a negoziare la loro lite. Il mediatore dunque non giudica come nell'arbitrato, ma aiuta le parti, a riattivare fra loro un dialogo. Se grazie al suo contributo le parti raggiungono un accordo(Conciliazione), questo non ha natura vincolante, ma può acquisire titolo esecutivo se le parti optano per l'omologazione del giudice.

LA CONCILIAZIONE, assume due diversi significati, quello di accordo riuscito della mediazione, e quello di una altra procedura molto simile alla mediazione. Lo strumento della Conciliazione segue una precisa procedura attraverso la quale, le parti tentano ad avvicinare i loro punti di vista per trovare una soluzione al conflitto. Questo si ottiene tramite l'aiuto di un terzo soggetto imparziale, che riveste il ruolo di Conciliatore ed è una figura pubblica(di solito il Giudice). L'accordo che le parti hanno raggiunto ha la stessa valenza di quello raggiunto con una mediazione. Anche se ricorda di molto la Mediazione, si distingue da questa soprattutto in quanto, nella mediazione il soggetto terzo e imparziale conduce le parti a proporre la soluzione migliore, nella conciliazione, il conciliatore appunto, esercita un ruolo più diretto nel processo di risoluzione della controversia, e consiglia direttamente le parti nell'adozione di soluzioni.

Mediazione, Conciliazione Paritetica e Arbitrato sono solo alcuni dei numerosi strumenti ha disposizione dei cittadini e delle imprese che permettono una giustizia alternativa, questo testo infatti ne affronterà un altro, molto importante sia per la sua storia, sia per il fatto che trattasi di uno strumento "ADR Istituzionalizzato" ossia il Difensore Civico. Con tale termine si identifica sia il soggetto incaricato, che lo strumento utilizzato allo scopo di prevenire e risolvere le controversie tra cittadini e pubbliche istituzioni.

CAPITOLO II

(L'Ombudsman in Europa)

2.1 Cenni Storici

La figura dell'Ombudsman, a noi meglio nota come Difensore Civico non è in realtà un idea così moderna come si potrebbe pensare, documenti storici infatti ci testimoniano che molte delle funzioni oggi affidate al Difensore sono molto simili se non identici a quelle di figure istituite presso molte città dell'Impero Romano, ne sono un esempio i Tribuni della Plebe, oppure i magistrati cittadini noti come "defensor civitatis".
Come figura istituzionalizzata, l'Ombudsman(Difensore Civico) traduzione in italiano di "uomo che funge da tramite", nasce in Svezia con il compito di monitorare le attività delle pubbliche autorità a difesa dei cittadini. Con tale termine abbreviato JO in svedese, ci si riferisce sia ad un unico difensore civico che all'agenzia stessa. Tale

autorità ha dato dunque origine al concetto e all'istituzione del "difensore civico", una figura pubblica che in piena autonomia media tra le istituzioni e i cittadini e che oggi è presente in quasi tutti i paesi del mondo.

Il JO dunque, nasce nel 1809 durante il governo autocratico di Gustavo III con il compito principale di eseguire un controllo di legalità sulle autorità del regno, attraverso lo strumento delle ispezioni e il ricevimento di reclami da parte dei cittadini.

JO è stato creato come un pubblico ministero con funzione di pubblica accusa e la prima persona che ha tenuto tale ufficio, fu il barone Lars Augustin Mannerheim(1749-1835). Si registra che nei suoi primi 100 anni l'ufficio abbia affrontato più di 8.000 cause.

Negli anni la figura della pubblica accusa venne meno per dare spazio alla prevenzione degli errori legislativi e alla promozione in generale del diritto.

2.2 Il Mediatore Europeo

La figura del Mediatore Europeo(European Ombudsman), viene istituita con il Trattato di Maastricht(o Trattato sull'Unione Europea) secondo cui all'Art. 138E: "Il Parlamento europeo nomina un Mediatore, abilitato a ricevere le denunce di qualsiasi cittadino dell'Unione o di qualsiasi persona fisica o giuridica che risieda o abbia la sede sociale in uno Stato membro, e riguardanti casi di cattiva amministrazione nell'azione delle istituzioni o degli organi comunitari, salvo la Corte di giustizia e il Tribunale di primo grado nell'esercizio delle loro funzioni giurisdizionali. Conformemente alla sua missione, il Mediatore, di propria iniziativa o in base alle denunce che gli sono state presentate direttamente o tramite un membro del Parlamento europeo, procede alle indagini che ritiene giustificate, tranne quando i fatti in questione formino o abbiano formato oggetto di una procedura giudiziaria. Qualora il Mediatore constati un caso di cattiva amministrazione, egli ne investe l'istituzione interessata, che dispone di tre mesi per comunicargli il suo parere. Il Mediatore trasmette poi una relazione al Parlamento europeo e all'istituzione interessata. La persona che ha sporto denuncia viene informata del risultato dell'indagine".

Tale organo è regolamentato oltre che dal suddetto trattato, anche dal Trattato sul funzionamento dell'Unione Europea, dallo Statuto del Mediatore e dalle disposizioni di esecuzione dallo stesso adottate.

Le norme in esame ci dispongono che il Mediatore europeo(difensore civico della Comunità europea) è un organo, nominato dal Parlamento europeo per la durata di cinque anni con mandato rinnovabile(art.228 T.F.U.E), che in piena autonomia e indipendenza(anche dal Parlamento) chiede conto all'amministrazione dell'UE e conduce indagini su casi di cattiva amministrazione nell'azione di istituzioni, organi, uffici e agenzie dell'Unione europea. Solo la Corte di giustizia dell'UE, nell'esercizio della sua funzione giurisdizionale, non rientra nel mandato del Mediatore. Quest'ultimo può constatare cattiva amministrazione nel caso in cui un'istituzione non rispetti i diritti fondamentali, le norme o i principi giuridici o i principi della buona amministrazione. Ciò comprende, ad esempio, irregolarità amministrative, ingiustizia, discriminazione, abuso di potere, mancanza di risposta, rifiuto di accesso all'informazione e ritardo ingiustificato. Tutti i cittadini o i residenti dell'Unione europea, nonché imprese, associazioni o altri organismi con sede legale nell'UE, possono presentare una denuncia. Per farlo non è necessario essere stati personalmente vittime del caso segnalato. È opportuno rammentare che il Mediatore europeo può trattare esclusivamente denunce riguardanti l'amministrazione dell'UE e non quelle concernenti le amministrazioni nazionali, regionali o locali, anche nel caso in cui esse riguardino materie dell'Unione europea. Il Mediatore che ha sede a Strasburgo, si compone di: Ufficio di Gabinetto, che offre consulenza al Mediatore sulle relazioni con le altre istituzioni dell'UE e sulle questioni relative ai casi trattati dal Mediatore; Segretario generale, che fornisce consulenza politica ed è responsabile della pianificazione strategica; Unità di Comunicazione, che informa istituzioni, cittadini, Stati membri sul ruolo e sulle attività del Mediatore europeo.

Il Mediatore europeo è, inoltre, supportato da due direzioni e da sei unità operative specifiche.

La direzione A che comprende: due unità responsabili di denunce e indagini e il Registro.

La direzione B che comprende a sua volta: altre due unità responsabili di denunce e indagini e l'unità di gestione Personale, amministrazione e bilancio.

Per potere interpellare il mediatore, bisogna presentare una denuncia per iscritto, oppure tramite il formulario di denuncia online disponibile sul sito web del Mediatore europeo, l'importante e che la denuncia venga presentata, in una qualsiasi delle ventitré lingue ufficiali dell'UE, entro due anni dall'avvenuta conoscenza dei fatti contestati e solo dopo aver contattato preventivamente l'istituzione dell'UE in questione per cercare di risolvere il caso.

Tutte le denunce inviate al Mediatore sono classificate, registrate e numerate al momento del ricevimento e al denunciante viene inviato un riscontro scritto recante il numero di registrazione e il nominativo del giurista cui il caso è stato affidato, si procede, quindi, ad una valutazione preliminare concernente la ricevibilità della domanda. Qualora il Mediatore ritenga che una denuncia esuli dal suo mandato o sia irricevibile, archivia il relativo fascicolo ed informa il denunciante della sua decisione, comunicandogli i motivi di tale scelta. Può inoltre consigliare al denunciante di rivolgersi ad un'altra autorità, di regola l'esito di tale valutazione viene comunicato entro un mese.

Terminata tale fase preliminare, se ritiene che non sussistano sufficienti motivi per procedere ad un'indagine, archivia il fascicolo relativo alla denuncia(dichiarata ricevibile) e ne informa il denunciante. Se ritiene invece che sussistano motivi sufficienti a giustificare l'avvio di indagini, ne informa il denunciante e l'istituzione interessata. Trasmette a quest'ultima copia della denuncia,

invitandola a formulare un parere entro tre mesi.
Il Mediatore ricerca, per quanto possibile, assieme all'istituzione interessata, una soluzione amichevole, finalizzata ad eliminare i casi di cattiva amministrazione e a soddisfare la denuncia presentata. Se ritiene che la cooperazione abbia avuto esito positivo, può chiudere il caso con una decisione motivata, dandone comunicazione sia al denunciante che all'istituzione.
Qualora ritenga di non poter addivenire ad una composizione amichevole o qualora la ricerca di quest'ultima non abbia avuto esito positivo, il Mediatore può pronunciare una decisione recante una valutazione critica con la quale conferma al denunciante la fondatezza della sua denuncia e in alternativa potrà elaborare una relazione speciale destinata al Parlamento europeo.
Come anticipato, il Mediatore può decidere di avviare indagini di propria iniziativa, essenzialmente in due casi: quando la denuncia sia stata presentata da una persona non autorizzata e quando si trovi di fronte alla necessità di affrontare problemi di carattere sistemico delle istituzioni.

Quando, anche in caso d'indagine, questi ravvisa la sussistenza di un caso di cattiva amministrazione, come anticipato, non potrà far altro che formulare osservazioni critiche e raccomandazioni oppure, quale ultima spiaggia, elaborare una relazione speciale destinata al Parlamento europeo. Spetterà, infatti, a quest'ultimo decidere se esercitare o meno i propri poteri ed adottare una risoluzione. I provvedimenti emessi dal Mediatore non consentono, quindi, una rimozione concreta della cattiva amministrazione ma fungono da deterrente per le istituzioni dal ricadere nuovamente nei medesimi errori. Da quanto detto emerge che la funzione principale del Mediatore abbia carattere preventivo, finalizzata cioè a specificare quali siano i criteri da adottare da parte delle istituzioni e degli organi dell'UE. allo scopo di garantire una buona amministrazione.

Nonostante appare come uno strumento poco efficacie, sono numerose le risoluzioni risolte come evince dal resoconto che annualmente l'organo è chiamato a presentare al parlamento Europeo.

2.3 Rete europea dei difensori civici

Dalla positiva esperienza dell'Ombudsman Svedese che ha contagiato numerosi paesi dell'Unione nasce, nel 1996 la rete europea dei difensori civici che si compone di oltre 90 uffici in 32 paesi europei. La rete comprende i difensori civici nazionali e regionali, e gli organi simili, degli Stati membri dell'Unione europea, dei Paesi candidati ad entrare nell'Unione europea e di altri Stati europei.
Ne fanno parte anche il Mediatore europeo e la commissione per le petizioni del Parlamento europeo.
I Difensori Civici nazionali, e gli organi analoghi, hanno nominato un funzionario di collegamento che agisce come punto di riferimento per i contatti con gli altri membri della rete.
I difensori civici che volontariamente aderiscono alla Rete, sono persone indipendenti e imparziali, le cui funzioni sono stabilite dalla costituzione o da leggi e che si occupano delle denunce presentate contro le autorità

pubbliche.

Gli scopi di tale rete sono principalmente:

- Essere un valido strumento di collaborazione per i vari difensori civici nazionali e il loro personale, soprattutto per coadiuvare il Mediatore europeo, poiché gli consente di trattare in maniera pronta ed efficace le denunce che esulano dal suo mandato.

- Condividere le esperienze e le migliori pratiche grazie a seminari, incontri, alla redazione di un bollettino periodico e a un forum di discussione elettronico e a un quotidiano virtuale.

- Assicurare che i cittadini e i residenti nell'Unione, esercitino i propri diritti conformemente alla normativa dell'UE.

- Incoraggiare la buona amministrazione e il rispetto dei diritti, suggerire le soluzioni adeguate a problemi sistemici, diffondendo le migliori prassi e promuovendo una cultura di spirito di servizio.

Per raggiungere tali obiettivi la rete si occupa di:

- Condividere le informazioni relative al diritto comunitario e alle migliori prassi, onde offrire al pubblico il miglior servizio possibile.
- Trattare le denunce contro le autorità pubbliche degli Stati membri, ivi comprese quelle che rientrano nell'ambito del diritto comunitario.
- Chiedere al Mediatore europeo di rispondere per iscritto a quesiti concernenti il diritto comunitario e la sua interpretazione, ivi compresi i quesiti che emergono nella gestione di casi specifici.

Tutto questo avviene nel rispetto dei seguenti principi:

- Trasparenza e chiarezza della procedura
- Accessibilità a tutti
- Privacy
- Gratuità
- Rapidità

L'ambito esatto in cui un difensore civico può intervenire varia all'interno della Rete, ma normalmente comprende: violazioni dei diritti, inclusi i diritti dell'uomo e i diritti fondamentali ed altri comportamenti illeciti, tra cui la mancanza di rispetto per i principi generali del diritto; e l'agire in maniera non conforme ai principi della buona amministrazione.

Tra gli esempi di cattiva amministrazione che un difensore civico può contribuire a correggere vi sono i ritardi ingiustificati, l'inosservanza delle politiche o delle procedure stabilite, la mancanza di imparzialità o di equità, la fornitura di informazioni o consigli inadeguati, l'incoerenza e la scortesia.

Il Mediatore europeo si è impegnato a facilitare ampio accesso alle informazioni pubblicate dai membri nazionali e regionali appartenenti alla Rete. Il sito web del Mediatore europeo contiene tutte le informazioni sulla Rete e i link diretti ai siti dei suoi membri. Il sito web contiene anche una guida interattiva che può essere utilizzata per individuare il difensore civico, o altro organismo, più adatto per trattare una denuncia, o rispondere ad una richiesta di informazioni.

CAPITOLO III

(L'ombudsman in Italia)

3.1 Il Difensore Civico

In Italia tale figura viene creata con l'istituzione delle regioni, precisamente è prevista al livello della fonte statutaria di alcune regioni, ed appare una sorta di raccordo tra Pubblica Amministrazione e cittadino.
Con la Legge 142 del 1990 si dispone la possibilità per regioni e comuni di istituire un difensore civico che svolge un ruolo di garante dell'imparzialità e del buon andamento dell'amministrazione provinciale o comunale, segnalando, anche di propria iniziativa, gli abusi, le disfunzioni, le carenze ed i ritardi dell'amministrazione nei confronti dei cittadini.

La legge dunque lascia un vuoto, che si tende a colmare con i vari Statuti, che gli attribuiscono, in generale, una funzione tutoria dei cittadini nei confronti delle amministrazioni; egli può chiedere notizie ed informazioni, esaminare atti e documenti, indire un procedimento disciplinare nei confronti dei funzionari; garantire dunque l'imparzialità e il buon andamento della Pubblica amministrazione.

Un controllo di gestione presupponente una logica diversa rispetto a quella del tradizionale modello di controllo, che si basa sulla verifica della sola conformità degli atti ad un modello rappresentato, nella quasi totalità dei casi, da norme giuridiche .

Ulteriore disciplina sarà poi quella della Legge 127 del 1997(cd. Bassanini bis) che all'Art. 16 comma 1 dispone testualmente quanto segue: "A tutela dei cittadini residenti nei comuni delle rispettive regioni e province autonome e degli altri soggetti aventi titolo secondo quanto stabilito dagli ordinamenti di ciascuna regione e provincia autonoma, i difensori civici delle regioni e delle

province autonome esercitano, sino all'istituzione del difensore civico nazionale, anche nei confronti delle amministrazioni periferiche dello Stato, con esclusione di quelle competenti in materia di difesa, di sicurezza pubblica e di giustizia, le medesime funzioni di richiesta, di proposta, di sollecitazione e di informazione che i rispettivi ordinamenti attribuiscono agli stessi nei confronti delle strutture regionali e provinciali".
Il secondo comma del suddetto articolo dispongono che: "I difensori civici inviano ai Presidenti del Senato della Repubblica e della Camera dei deputati entro il 31 marzo una relazione sull'attività svolta nell'anno precedente ai sensi del comma 1".
L'art. 16 della L. 127/97 dispone chiaramente pieni poteri(con limiti in specifiche materie) anche nei confronti delle amministrazioni statali periferiche al difensore civico regionale e provinciale, fino a che non venga istituito il difensore civico nazionale.
Attualmente dunque, in attesa di una norma che istituisca e regolamenti la figura del Difensore Civico Nazionale, il

tutto è affidato alla volontà e capacità delle regioni, e purtroppo, ancora ad oggi, non tutte possono vantare l'istituzione di tale figure ne sono uno esempio la Sicilia, l'Abruzzo, il Molise e la Val d'Aosta. Ma la realtà non è solo regionale numerose sono infatti anche le province e i comuni che si sono muniti di un Difensore Civico. Gli statuti di questi sono dunque l'unica fonte che regolamenti la figura, le modalità di elezione, la durata della carica e le funzioni attribuite.

Tuttavia a parte differenze formali e burocratiche, i vari Difensori istituiti localmente hanno tutti dei tratti in comune: la gratuità del servizio, l'imparzialità, il compito principale l'eliminazione delle discriminazioni, il carattere non giudicante.

3.2 Il Giurì bancario

Tale istituto ha avuto così successo, da essere riuscito ad influenzare anche un settore specifico come quello Bancario, nasce infatti su iniziativa dei primi dieci gruppi bancari e con il coordinamento dell'Associazione Bancaria Italiana nel 1993 la figura dell'Ombudsman Bancario, meglio noto come Giurì Bancario con lo scopo di garantire ai clienti una figura giudicante a cui avrebbero potuto rivolgersi gratuitamente, quando gli istituti bancari non fornivano, o fornivano una risposta insoddisfacente ai reclami presentati, riducendo così tempi e costi rispetto alla giustizia ordinaria. Il successo ottenuto da questo nella risoluzione delle controversie condusse, nel 2005 alla nascita del Conciliatore Bancario e Finanziario, un Associazione(a cui oggi aderiscono ben 1.150 Associati tra cui banche, alcune società finanziarie e Poste Italiane) senza fini di lucro con l'obbiettivo di risolvere le controversie bancarie, finanziarie e societarie, tramite l'utilizzo degli ADR.

L'associazione oltre a fornire il classico servizio dell'Ombudsman/Giurì Bancario, mette infatti a disposizione dei clienti altri metodi alternativi, e a pagamento di risoluzione delle controversie in materia bancaria e finanziaria, tra cui un Organismo di conciliazione bancaria, un pool di mediatori specializzati e regolarmente iscritti presso l'apposito registro tenuto dal Ministero della Giustizia, una Camera Arbitrale che gestisce i ricorsi arbitrali mediante propri arbitri, infine offre anche un servizio di formazione e aggiornamento dei mediatori grazie all'iscrizione con il n.111 nell'elenco tenuto dal Ministero della Giustizia degli Enti abilitati a tale scopo.

Il Conciliatore Bancario e Finanziario ha ottenuto nel 2012 il riconoscimento della personalità giuridica con provvedimento della Prefettura di Roma, in quanto lì vi ha sede, e si compone dei seguenti organi: Presidente, Segretario Generale, Consigli, Collegio dei Revisori, Collegio dei Probiviri.

L'associazione ha comunque mantenuto un servizio unico nel suo genere per la storia di cui vanta, per la procedura e soprattutto per la gratuità per entrambe le parti, ossia l'Ombudsman/Giurì Bancario.

Tale strumento a partire dal 2006 può essere richiesto esclusivamente per le materie non gestite dall'Arbitro Bancario Finanziario e cioè controversie attinenti a servizi e attività di investimento.

Le condizioni richieste per accedere al Giurì bancario sono le seguenti:

- Avere presentato una richiesta scritta e documentata dei fatti denunciati esclusivamente da parte del cliente.
- Essersi rivolti all'Ufficio reclami senza avere avuto alcuna risposta, oppure essere trascorso meno di un anno dalla decisione non soddisfacente dell'Ufficio reclami.
- Avere subito un danno quantificabile in un valore non superiore a 50.000 euro o a 10.000 euro per

operazioni o servizi posti in essere prima del 10 gennaio 2006.
- Non essersi già rivolti all'Autorità giudiziaria, a un Collegio arbitrale o a un organismo conciliativo.

Il Giurì dopo avere ricevuto la richiesta e avere valutato l'esistenza dei requisiti per la procedibilità, provvede ad informare tempestivamente e per iscritto l'intermediario interessato.

L'Ombudsman si compone di un un Presidente, scelto tra persone di riconosciuta esperienza, professionalità e indipendenza, nominato dal Presidente del Consiglio di Stato con un mandato di cinque anni rinnovabile una sola volta, e un Collegio, i cui membri sono scelti tra persone di riconosciuta esperienza, indipendenza e professionalità, che durano in carica tre anni con mandato rinnovabile una sola volta, e da quattro componenti, nominati dal Conciliatore Bancario Finanziario, designati come segue: uno dal Consiglio nazionale dei consumatori e degli utenti, uno da almeno tre delle seguenti associazioni rappresentative delle altre categorie di clienti:

Confindustria (Confederazione Generale dell'Industria Italiana), Confcommercio (Confederazione Generale Italiana del Commercio, del Turismo e dei Servizi), Confagricoltura (Confederazione Generale dell'Agricoltura Italiana), Confartigianato (Confederazione Generale Italiana dell'Artigianato); uno dall'Associazione Bancaria Italiana, scelto tra gli iscritti all'Ordine degli avvocati; uno dall'Associazione Bancaria Italiana, scelto tra gli iscritti all'Ordine dei dottori commercialisti e degli esperti contabili.

Le decisioni dell'Ombudsman sono assunte a maggioranza dei presenti e, comunque, con non meno di tre voti favorevoli e, in caso di parità di voti, al voto del Presidente o, in sua assenza, del vice Presidente è attribuito valore doppio. La decisione motivata deve essere presentata dal Giurì entro novanta giorni dalla richiesta di intervento o dall'ultima comunicazione utile del richiedente ed è vincolante per l'intermediario, le situazioni possibili tuttavia sono due, l'Ombudsman riconosce la ragione del cliente e assegna alla banca o alla finanziaria un termine per eseguire quanto deciso e se la banca o finanziaria non si conforma alla decisione la notizia dell'inadempienza viene pubblicata sulla stampa, oppure la decisione dell'Ombudsman Giurì bancario non soddisfa, e in questo caso rimane comunque il diritto di rivolgerti all'Autorità giudiziaria perché la decisione dell'Ombudsman è vincolante per la banca ma non per il cliente.

3.3 Ricerca di una difesa civica

Nella consapevolezza che la figura del Difensore Civico rappresenta un ancora importante per i cittadini, nasce a Padova il primo Centro di ricerca e servizi in materia di difesa Civica.
Creato nel 1982 per iniziativa della Facoltà di Scienze Politiche con la denominazione di "Centro di studi e di formazione sui diritti della persona e dei popoli", è stato trasformato, con Decreto Rettorale n. 1363 del 7 giugno

2001, in "Centro interdipartimentale di ricerca e servizi sui diritti della persona e dei popoli", dotato di autonomia gestionale.

La vocazione del Centro è stata fin dall'origine quella di:

- costruire il "sapere" interdisciplinare dei diritti umani (della persone e dei popoli);
- informare diffusamente circa i contenuti, teorici e applicativi, di questo sapere;
- educare perché il sapere dei diritti umani operi fertilmente nella vita sociale e politica.

Gli organi del Centro sono:

- Il Direttore è eletto dal Comitato Tecnico-Scientifico ed è nominato con Decreto del Magnifico Rettore. Il Direttore: ha la responsabilità del funzionamento del Centro; è responsabile della gestione amministrativa e contabile del Centro; convoca e presiede il Comitato Tecnico-Scientifico e l'Assemblea; propone al Comitato Tecnico-

Scientifico, prima dell'inizio dell'esercizio, il programma delle attività del Centro e il relativo piano di spesa; predispone, al termine dell'esercizio, il rendiconto consuntivo nonché una relazione sulle attività svolte dal Centro nell'anno trascorso; rappresenta il Centro all'estero; tiene i rapporti con gli organi accademici ed esercita tutte le funzioni che gli sono attribuite dallo Statuto e dal Regolamento.

- Il Comitato Tecnico-Scientifico dura in carica tre anni e designa, tra i suoi componenti, il Direttore e, su proposta di quest'ultimo, il Vicedirettore del Centro. Il Comitato Tecnico-Scientifico ha il compito di: stabilire le linee generali dell'attività del Centro per aree tematiche e di ricerca; approvare, su proposta del Direttore, e prima dell'inizio di ogni esercizio, il programma di attività del Centro e il relativo piano di spesa; approvare, entro due mesi dalla scadenza dell'esercizio, il rendiconto consuntivo e la relazione sulle attività svolte, predisposti dal Direttore; svolgere, per quanto compatibili, tutte le funzioni attribuite ai Consigli di Dipartimento; deliberare su ogni argomento sottoposto al suo esame dal Direttore; deliberare in merito ad ogni questione che coinvolga la Struttura.

- L'Assemblea è costituita da almeno un rappresentante per ognuno dei Dipartimenti dell'Università di Padova che hanno aderito al Centro, designati dai rispettivi Consigli. Cinque posti sono riservati a figure esterne all'Ateneo che si sono distinte nel campo della cultura dei diritti umani, della pace e della solidarietà internazionale, nominate dal Comitato Tecnico-Scientifico. L'Assemblea del Centro si riunisce ordinariamente una volta all'anno per discutere e deliberare sugli indirizzi di ricerca e sulle linee generali di attività del Centro promossi e programmati dal Comitato Tecnico-Scientifico.

L'Assemblea discute e delibera altresì sulle

proposte fatte direttamente dai suoi membri secondo le modalità previste dal Regolamento del Centro.

Il Centro opera attraverso finanziamenti provenienti:

- dalle strutture scientifiche e didattiche dell'Università di Padova che aderiscono al Centro;
- dal Ministero dell'Università e della Ricerca, per la ricerca universitaria riservata a progetti di interesse nazionale e di rilevante interesse scientifico e per progetti specifici, in particolare per programmi per l'incentivazione del processo di internazionalizzazione del sistema universitario;
- dalla Regione del Veneto;
- dall'Unione Europea e da altri organismi internazionali;
- dal C.N.R. per specifiche iniziative;
- da enti, fondazioni e altri soggetti pubblici e privati, interessati allo sviluppo delle attività del Centro.

Il Centro ospita la Cattedra UNESCO "Diritti umani, democrazia e pace" dell'Università di Padova e il Centro Europeo di eccellenza Jean Monnet "Dialogo interculturale, diritti umani e multilevel governance" e gestisce l'Archivio Regionale Pace Diritti Umani - Peace Human Rights, istituito dalla Regione del Veneto nel 1988.

Grandi accordi sono presi tra il centro e la Regione Veneto che hanno portato alla progettazione e realizzazione di un sito web funzionale alle esigenze dell'Ufficio del Difensore civico, sito aperto ai contributi scientifici del Centro nonché degli eventuali apporti degli altri difensori operanti in Regione; all'elaborazione di materiale divulgativo volto a diffondere la conoscenza della Difesa civica presso interlocutori diversi, quali il mondo della scuola, i cittadini, gli operatori della Pubblica Amministrazione; alla redazione di un Bollettino periodico sulla Difesa civica; all'organizzazione di convegni e di giornate di studio su specifiche tematiche di interesse della Difesa civica.

CASI

Sintesi della decisione relativa alla denuncia 2178/2011/KM contro il Parlamento europeo

Il denunciante, un cittadino tedesco, partecipava a un concorso per una posizione al Parlamento europeo. Il 15 aprile 2011, dopo la prova scritta, gli veniva comunicato che gli inviti per i colloqui sarebbero probabilmente stati inviati a metà giugno. Di conseguenza, il denunciante si recava in vacanza in maggio, come programmato. Tuttavia, il 13 maggio 2011, riceveva un messaggio di posta elettronica (che avrebbe letto soltanto il 26 maggio 2011) con cui era invitato a un colloquio a Bruxelles in data 30 maggio 2011. Era pertanto costretto a prenotare un volo da Roma con breve preavviso.

Il denunciante chiedeva il rimborso del costo del volo, pari a 559,60 EUR. Il Parlamento respingeva la sua richiesta. Sosteneva che, poiché il denunciante non aveva chiesto una modifica del proprio domicilio nella banca dati del Parlamento, il Parlamento poteva rimborsare soltanto il costo del viaggio tra il suo luogo di residenza in Germania e Bruxelles, vale a dire 221,0 EUR. Il denunciante si rivolgeva al Mediatore europeo, che avviava un'indagine. Nel suo parere, il Parlamento dichiarava di aver correttamente applicato le norme pertinenti. Tenendo conto dei fatti specifici del caso, il Mediatore chiedeva al Parlamento di valutare la questione dal punto di vista della correttezza. In tutta risposta, il Parlamento affermava di aver trattato il denunciante con correttezza, sottolineando di non poter versare una somma più alta, non avendo ricevuto una notifica scritta da parte del denunciante.

Il Mediatore riconosceva che, in base alle norme, per poter accettare un cambiamento di domicilio, devono essere soddisfatte tre condizioni: (i) le circostanze devono essere eccezionali; (ii) la modifica deve essere notificata almeno 15 giorni prima della prova; (iii) deve essere presentata una richiesta scritta. Il Mediatore apprezzava il fatto che il Parlamento avesse accettato la prima condizione e mostrasse flessibilità scegliendo di non applicare la seconda condizione. Tuttavia il Parlamento insisteva in merito al soddisfacimento della terza condizione. Il Mediatore considerava la posizione inopportunamente formalistica, poiché non teneva sufficientemente conto della situazione specifica del denunciante. Proponeva pertanto al Parlamento di riconsiderare la richiesta di pieno rimborso del denunciante.

Il Parlamento accettava la proposta del Mediatore e versava al denunciante la parte restante della spesa di viaggio. Esprimendo la propria soddisfazione per l'esito dell'indagine, il denunciante ringraziava il Mediatore per il suo intervento. Il Mediatore ha quindi archiviato il caso.

Sintesi della decisione relativa alla denuncia 1363/2012/BEH contro l'Autorità bancaria europea

Il denunciante è un cittadino tedesco che, nel 2012, aveva presentato una petizione alla commissione per le petizioni del Parlamento europeo riguardo all'uso delle lingue ufficiali sul sito web dell'Autorità bancaria europea ("EBA"). Considerando che la petizione del denunciante riguardava un possibile caso di cattiva amministrazione, la commissione per le petizioni la trasmetteva al Mediatore che, con il consenso del denunciante, decideva di occuparsene trattandola come una denuncia. La denuncia faceva riferimento al fatto che alcune informazioni pubblicate dall'EBA sul suo sito web erano disponibili soltanto in inglese, il che era contrario alla legge e ai principi di buona amministrazione.

Nel suo parere l'EBA sosteneva di aver redatto un elenco di documenti che potevano trovare generale applicazione e che pertanto dovevano essere pubblicati ai sensi del quadro giuridico applicabile. L'EBA riportava altresì esempi concreti di tali documenti, tra cui le proprie linee guida. Concludeva sostenendo che, pur essendo un'autorità di costituzione relativamente recente e pur avendo a disposizione risorse limitate, aveva compiuto sforzi significativi per conseguire al meglio delle sue possibilità l'obiettivo del multilinguismo.

In considerazione dei compiti specifici attribuiti all'agenzia, il Mediatore sottolineava che è estremamente importante per i cittadini poter accedere alle informazioni riguardanti le attività dell'EBA in una lingua a loro comprensibile. Elogiava l'EBA per i significativi progressi compiuti, confermati da una serie di esempi concreti. Pur notando che alcuni documenti di applicazione generale non fossero disponibili in tutte le lingue ufficiali, teneva conto degli sforzi che l'EBA stava compiendo in questa direzione. In particolare, apprezzava l'approccio costruttivo scelto dall'agenzia di fornire ai cittadini, su richiesta, la traduzione di un documento non disponibile nella lingua ufficiale di loro scelta. Il Mediatore era altresì lieto di osservare che, nel quadro della riprogettazione del sito web dell'agenzia prevista nella prima metà del 2013, l'EBA intendeva garantire agli utenti l'accesso alle informazioni chiave relative al proprio ruolo e ai propri compiti principali in tutte le lingue ufficiali. Il Mediatore, confidando che l'EBA avrebbe intrapreso ogni azione necessaria per raggiungere tale obiettivo, ha concluso che non sussistono gli estremi di cattiva amministrazione nelle attività dell'agenzia per quanto concerne i fatti e la denuncia presentati dal denunciante.

Sintesi della decisione 2477/2011/RT relativa alla denuncia contro l'Ufficio europeo di selezione del personale

Il denunciante, un cittadino sloveno, non ha ottenuto il punteggio sufficiente per superare le prove effettuate in occasione dell'assessment center nell'ambito di un concorso dell'EPSO per traduttori aventi lo sloveno come lingua principale. Ha presentato denuncia al Mediatore europeo sostenendo che l'EPSO aveva violato il principio di parità di trattamento fra i candidati, in quanto alcuni candidati, che erano suoi colleghi e avevano sostenuto le prove in occasione dell'assessment center successivamente al primo giorno del concorso, conoscevano in anticipo le domande contenute nei test. Il denunciante sosteneva che l'EPSO avrebbe dovuto consentire ai candidati che avevano svolto i test in occasione dell'assessment center il primo giorno del concorso e non li avevano superati di ripeterli.

Nel parere formulato dall'EPSO si sottolinea la specificità dei test relativi alle competenze generali, che non mirano ad accertare le conoscenze dei candidati quanto piuttosto a valutare le loro competenze, attitudini e capacità personali. Viene inoltre fornita una spiegazione dettagliata di ciascuno dei test utilizzati in occasione dell'assessment center. L'EPSO ha ritenuto che la conoscenza preliminare delle domande, anche ammesso che tale conoscenza vi fosse, sia stata irrilevante ai fini dell'esito del concorso e non abbia comportato la violazione del principio di parità di trattamento fra i candidati. Tuttavia, al fine di escludere la possibilità che i candidati si scambiassero effettivamente informazioni, l'EPSO ha utilizzato argomenti diversi per due dei test in questione.

Il Mediatore europeo ha ritenuto ragionevoli le spiegazioni fornite dall'EPSO e non ha constatato una violazione del principio di parità di trattamento fra i candidati. Tuttavia, ha suggerito l'adozione da parte dell'EPSO di misure pratiche per evitare di suscitare l'impressione che taluni candidati abbiano un vantaggio sugli altri in quanto dispongono di maggiori informazioni sui contenuti dei test effettuati in occasione dell'assessment center. Ha suggerito inoltre che, qualora l'EPSO possa prevedere l'eventualità che alcuni candidati si scambino effettivamente informazioni sui test, in quanto colleghi e/o conoscenti, essi vengano convocati a sostenere i test, se possibile, lo stesso giorno. Ha quindi archiviato il caso senza ulteriori osservazioni.

Sintesi della decisione relativa alla denuncia 292/2011/AN contro la Commissione europea

Un'associazione spagnola di allevatori di cavalli presentava alla Commissione europea una denuncia di infrazione contro la Spagna. La denunciante chiedeva alla Commissione di accedere a taluni documenti relativi alla denuncia di infrazione. La Commissione, ritenendo che la divulgazione dei documenti arrecasse pregiudizio alla tutela delle sue indagini, rifiutava la richiesta del denunciante, invocando a tal fine l'articolo 4, paragrafo 2, terzo trattino del regolamento (CE) n. 1049/2001. La denunciante non accoglieva la risposta della Commissione e presentava una domanda di conferma. Non avendo ricevuto risposta alla domanda di conferma, la denunciante si rivolgeva quindi al Mediatore europeo. Il Mediatore osservava che la Commissione, nel respingere la domanda della denunciante, aveva erroneamente invocato la summenzionata eccezione. Trasmetteva quindi alla Commissione una proposta di soluzione amichevole, suggerendo all'istituzione di autorizzare l'accesso ai documenti richiesti. La Commissione accoglieva la proposta di soluzione amichevole del Mediatore e concedeva al denunciante il pieno accesso a due dei tre documenti in questione. Quanto al terzo documento, poiché quest'ultimo proveniva dalle autorità spagnole, la Commissione dichiarava di dover consultare le stesse prima di autorizzare l'accesso.

Il Mediatore ha pertanto concluso che il caso era stato risolto attraverso una soluzione amichevole. Si è detto inoltre sicuro che la Commissione si sarebbe consultata con le autorità spagnole entro un limite di tempo ragionevole e avrebbe prontamente informato la denunciante in merito alla sua decisione motivata sull'accesso al documento

Sintesi della decisione relativa alla denuncia 141/2011/RT contro la Commissione europea

Il denunciante aveva prestato servizio presso varie istituzioni e agenzie dell'UE. Inizialmente era stato assunto dalla Commissione europea, che aveva individuato come suo luogo d'origine Marsiglia, città in cui era localizzato il suo centro di interessi. Successivamente, il denunciante aveva prestato servizio presso l'Autorità europea per la sicurezza alimentare ("EFSA"). L'EFSA aveva erroneamente fissato Bruxelles, e non Marsiglia, come suo luogo di origine. In seguito il denunciante aveva iniziato a lavorare per un'agenzia esecutiva della Commissione, l'Agenzia esecutiva del Consiglio europeo della ricerca ("ERCEA"). A questo punto, la Commissione riteneva che Bruxelles fosse il luogo d'origine del denunciante. Nella sua denuncia al Mediatore europeo, il denunciante riferiva che la Commissione non aveva correttamente fissato il suo luogo d'origine. Sosteneva che la Commissione avrebbe dovuto sostituire Bruxelles con Marsiglia.

Nel suo parere, la Commissione riconosceva l'errore dell'EFSA nel fissare Bruxelles, anziché Marsiglia, come luogo d'origine. Tuttavia, poiché il denunciante non aveva contestato tale decisione entro il termine previsto dallo Statuto dei funzionari, la Commissione era vincolata alla decisione dell'EFSA.

Il Mediatore giudicava incoerente l'atteggiamento della Commissione, che aveva adottato una decisione, quella dell'EFSA, di cui aveva ammesso l'erroneità. Pertanto trasmetteva alla Commissione una proposta di soluzione amichevole, suggerendo all'istituzione di porre rimedio alla presente situazione e di fissare nuovamente il luogo d'origine del denunciante.

La Commissione ha accettato la proposta del Mediatore, che quindi ha deciso di archiviare il caso.

CONCLUSIONI

Il presente testo ha voluto affrontare la tematica del Difensore Civico, con un occhio di riguardo sull'aspetto della risoluzione delle controversie tra cittadini e pubbliche amministrazioni, perché di fatto la legge e gli statuti affidano a questo anche altre funzioni.

La difesa del cittadino e il buon funzionamento della Pubblica Amministrazione rimangono comunque gli obbiettivi principali dell'istituto, che ha dato prova di essere all'altezza dei compiti affidategli.

Anche nel nostro paese nonostante si senta l'assenza di una regolamentazione di legge in materia, e di una figura nazionale di Difensore, quelli istituiti dagli enti locali, hanno saputo, nei limiti della loro competenza territoriale, soddisfare le richieste di intervento dei tanti cittadini che a questi si sono gratuitamente rivolti. Per tutto questo non posso che augurarmi da parte del nostro legislatore, un rapido ed efficiente contributo allo sviluppo e alla promozione dell'Ombudsman.

BIBLIOGRAFIA

- *Il mediatore europeo, ombudsman dell'Unione: risoluzione alternativa delle dispute tra cittadini e istituzioni comunitarie*, di *Luigi Cominelli*, editore Giuffrè 2005

- *Il Difensore Civico*, di *Luigi Lia, Alessandra Lucchini e Mara Gargatagli*, editore *Giuffrè 2008*

- *Il Difensore Civico, profili sistematici e operativi*, di *Giuseppe Mastropasqua*, editore Cacucci *2004*

- *I Diritti Umani, una guida ragionata*, di *Guido Tassinari*, editore Alpha Test *2011*

SITOGRAFIA

- *http://www.difensorecivico.veneto.it*

- *http://www.ombudsman.europa.eu*

- *http://www.conciliatorebancario.it*

- *http://www.altalex.com*

- *http://www.unipd.it*

- *http://www.jo.se*

www.ingramcontent.com/pod-product-compliance
Lightning Source LLC
Chambersburg PA
CBHW072255170526
45158CB00003BA/1084